TOQUÉMALADE

DROITS DE TRADUCTION ET DE REPRODUCTION RÉSERVÉS

Pour soixante-dix toqués on a mis soixante-dix fois sous la presse cette bambochinade :

10 fois sur **papier du Japon** (n°s 1 à 10)
60 fois sur **papier vélin blanc** (n°s 11 à 70)

EXEMPLAIRE

Offert à M. *[signature]*

[signature]

Tout exemplaire non revêtu de la signature de l'auteur sera réputé contrefait

OSE-TROP-GOTH

TOQUÉMALADE

PARODIE

MÉLI-MÉLO-DRAME-A-TICS MÉDICINAUX

PARIS

CHEZ UN MARCHAND DE ...... ⎫
ET POUR LES AMATEURS DE ... ⎬ ROMANTIQUES

A L'AUBE DU VINGTIÈME SIÈCLE

L'IMPASSE

PROLOGUE

PERSONNAGES DU PROLOGUE

LE TRAPPISTE.
LE ROI VERT-DIT-BLANC.
DON PLANCHE-A-SEL.
ROSA-LA-ROSE.
LE MARQUIS DE TUE-UN-TEL.
CUCHO. (Le lecteur est prié de tenir compte de l'accent national.)
LE PRIEUR.
L'ÉVÊQUE DE CEUX-QUI-GÈLENT.

MOINES, CENT-GARDES, CHARBONNIERS.

PROLOGUE

Le théâtre représente un champ de navets, dépendance du couvent de Saint-Rupin. Au milieu des herbes potagères est fiché en terre un canon de fusil avec une pancarte portant ces mots : *Chassepot de Romulus, trouvé dans les fouilles de Carthage.*

Au fond du théâtre, un homme noir vêtu de bure marron, fredonne tout en marchant.

Air du *Beau Nicolas*.

Le voilà, c' flingot là
Ah, ah, ah !
Romulus le trouva
A Zama.

Chaque fois qu'il passe auprès dudit flingot, l'homme s'appuie dessus et fléchit à moitié la jambe droite, tâchant de rattacher sa jarretière.

Au milieu du théâtre, une trappe servant à fermer l'entrée de la cave du monastère. Au fond, un mur ébréché.

SCÈNE I

LE PRIEUR DU COUVENT, puis UN AUVERGNAT.

Le prieur a un genou sur la tête et une calotte grecque.

LE PRIEUR, seul.

Ce couvent se dégomme, et tout va mal chez nous.
Le cuisinier profès rate tous ses ragoûts,
Et moi tous mes sermons.
Il regarde la brèche du mur.
Pour notre mur en brèche
Il faudra cependant qu'en personne je prêche,

PROLOGUE. — SCÈNE I.

Il faudra réformer aussi l'ordre, il faudra.....

Cet échantillon des idées du prieur et de son style nous semblant devoir suffire à l'instruction du lecteur, nous arrivons de suite au premier passage ayant trait à l'action.

Le prieur voit un homme franchir la brèche et marcher sur lui. A son chapeau et à son *acchent*, il est facile de reconnaître un enfant de l'Auvergne : il tient un parapluie de la main gauche, et une couronne royale de la main droite.

LE PRIEUR.

Mais quel est ce manant qui vient d'entrer par là?

L'AUVERGNAT.

Moi.

LE PRIEUR.

Quoi, toi?

L'AUVERGNAT.

Mòi, roi.

LE PRIEUR.

Bah! toi roi!

L'AUVERGNAT.

Moi. Vois. Crois.

(L'Auvergnat se mouche bruyamment dans ses doigts..... de pied, ses mains étant embarrassées : à cet appel, une troupe de Cent-Gardes apparaît en chantant.)

Air du *Roi barbu*.

C'est lui Vert-dit-Blanc,
Qui s'avance lent,
Qui s'avance lent
Lançant, lançant, lançant
Un rugissement.

LE PRIEUR, convaincu.

Ah!!!

(Avec les Cent-Gardes entrent le marquis de Tue-un-Tel et Cucho. Tue-un-Tel, la vieille branche, est coiffé d'un alcarazas. Cucho, chien de Vert-dit-Blanc et son nain connu, a deux marottes : comme larbin, il se croit obligé de débiner son maître; comme personnage dans le drame, il nous fait savoir à quoi, pendant l'action, vont tendre tous ses efforts : « Rien est son but » (voir p. 21 de l'original).

SCÈNE II

VERT-DIT-BLANC, TUE-UN-TEL, LE PRIEUR.

Au commencement de cette scène, et avant d'en faire une à Tue-un-Tel, Vert-dit-Blanc confit le prieur dans la patrouille, puis il s'écrie.)

VERT-DIT-BLANC.

Roi je suis. Jeune encor. — Marié! Quelle dèche!
Ah! si Mossieu Naquet passait dans sa calèche!
    (A Tue-un-Tel.)
Allons, vil intrigant, vieux fourbe, vieux menteur,
Viens dans ce petit coin que je t'ouvre mon cœur.
Il paraît que tu lus Ruy-Blas jadis. Canaille
Tu naquis. Tu serais encore valetaille
Abjecte si je n'étais là. — Soit, c'est bien. — Va,
Tu sus être l'amant de la reine Amanda.
    (Il chante.)

> Voyez ce vieux barbon-là,
> C'est l'amant d'A,
> C'est l'amant d'A,
> Voyez ce vieux barbon-là,
> C'est l'amant d'Amanda.

  (Parlé)
Or, Amanda, c'était ma cousine. Honte! Crottes!
Mystère! — Je m'en fiche, après tout. Tu me bottes.

PROLOGUE. — SCÈNE II.

TUE-UN-TEL.

Sire et seigneur.....

VERT-DIT-BLANC.

Tais-toi. Clos ton bec. Je te hais !
Non, je t'adore. Car, quoi me vaudra jamais
Ta trogne plate et fausse, et semblable à la mienne ?
Mais que de mes bontés toujours il te souvienne.
Tu me hais.

TUE-UN-TEL.

Je vous hais !

VERT-DIT-BLANC.

Tu me hhais ! Tu me hhhais !

TUE-UN-TEL, avec force.

C'est pas vrai.

VERT-DIT-BLANC.

Je le sais.

TUE-UN-TEL, avec une énergie croissante.

C'est pas vrai!

VERT-DIT-BLANC.

Je le shhhais!!

Après deux heures trente-sept minutes de cette conversation vive et variée, le monarque raconte ses amours et entre dans des détails que, par respect pour nos lectrices, nous croyons devoir passer sous silence. Le passage où il parle de la reine mérite toutefois une petite analyse.

VERT-DIT-BLANC à Tue-un-Tel. (Il s'agit de la reine.)

O toi qui la connais, qui sais comme elle est belle
Avec ses cheveux roux, ma jaunâtre Isabelle,

Toi qui connais son âme, abîme de candeur.....
(A ce moment, le chœur des Cent-Gardes fredonne au fond du théâtre.)
(Air connu.)
Toi qui connais les hasards de la guerre,
Connais-tu pas la femme à Vert-dit-Blanc?
Etc. . . . . , etc. . . . . , etc. . . . .
Connais-tu sa fierté si simple, sa douceur?

C'est peu : sais-tu son art à parfumer ma vie?
Et sa dévotion si ferme qu'elle prie
Pour la conversion du cinq pour cent? — C'est peu.
La reine est toute glace et moi je suis tout feu?

(V. *La Femme de glace et la Femme de feu*, par M. Belot.)

(Enfin, ajoute-t-il :)

La religion a du bon
Et bon, bon, bon!
Petit patapon!
Et bon, bon, bon!
Disons
Quelques oraisons!

Après un chapelet d'injures, Vert-dit-Blanc en dévide un de *Pater* et d'*Ave*. Revenu alors à de plus doux sentiments, le roi catholique procède à l'interrogatoire du prieur, et lui promet, en sacrant comme un païen, de lui faire passer un mauvais quart d'heure si celui-ci ne lui raconte pas tous les cancans de sa communauté. Et d'abord, demande-t-il, quel est ce vieil infirme qui dit 6 et 3 font 9 chaque fois qu'il passe derrière nous? — Faites pas attention, répond le prieur, c'est un vieux crétin qu'on a mis en nourrice dans le couvent.

VERT-DIT-BLANC.

En nourrice! O ma mère! Ah! vous avez des fâmes!

LE PRIEUR.

Proximativement, — des sœurs.

VERT-DIT-BLANC.

O mœurs infâmes!

(Apercevant Rosa qui se ballade.)

Celle-ci me paraît bien jeune en vérité
Pour l'emploi.

(Il regarde au fond et aperçoit Don Planche-à-Sel.)

Ce moutard?

L'IMPASSE.

LE PRIEUR.

A seulement été.....

VERT-DIT-BLANC,

Il avoue !

LE PRIEUR.

Avec elle éduqué par nous. — Prince
Et princesse ils nous sont tombés de leur province,
Elle de Degothez — et lui de Bougreros,
Sans crier gare un beau matin. A-t-il nom Os-
car ou Don Planche-à-Sel, elle Rose ou Tulipe ?
Je ne sais.

CUCHO, qui, depuis le commencement écoute avec discrétion.

Ce récit ne vaut pas une pipe.

(Il en bourre une.   Le roi, satisfait des explications du prieur, se fait à lui-même, à propos de bottes, un cours de politique extérieure, puis, entendant jacasser dans la pièce à côté, quitte le théâtre pour aller écouter aux portes.

SCÈNE III

TUE-UN-TEL, LE PRIEUR.

(Ici encore c'est au prieur qu'on en fait une.)

TUE-UN-TEL.

Tu viens de raconter au roi des choses vagues.
C'est bien. Aboule ici. Come here. Et pas de blagues !
Tu confesses ; raconte.

LE PRIEUR, avec un geste de dénégation empreint d'une suprême dignité.

Ouit ! à l'œil ! — C'est vingt ronds.

TUE-UN-TEL.

Dix ronds.

LE PRIEUR.

Vingt ronds.

12 L'IMPASSE.

TUE-UN-TEL.

Dix ronds.

LE PRIEUR.

Quinze ronds.

TUE-UN-TEL.

Soit, topons!

(Ils se tapent mutuellement sur le ventre.)

LE PRIEUR, chantant.

(Air de *Robert le Diable*.)

Jadis régnait en Portugal
Un vieux tyran marquant fort mal,
Un vieux noceur, une momie.
Sa femme était jeune et jolie,
Et pour contenter son envie,
Donna son amour et sa foi
Au beau porte-coton du roi.

(Parlé.)

Leur ardeur fut bénie au ciel et sur la terre,
Un rejeton leur vint. Le roi, cet heureux père

De joie en dévissa son billard. — Bougreros
Fut au fils. Celui-ci ne fit pas de vieux os.
Mais il prit toutefois le temps de faire souche.
(Marquis, la vérité vous parle par ma bouche.)
Ce souchon eut la guigne ; son oncle, un beau matin,
Le Cardinal, le prit.

(Montrant Don Planche-à-Sel.)

Le voilà.

TUE-UN-TEL.

Quel lapin !

Quel lapin !

Cette exclamation, qui sort des entrailles de Tue-un-Tel, remplace avantageusement les trente-cinq vers de l'original et montre bien la filiation qui existe entre Don Planche-à-Sel et sa vieille branche d'aïeul.

SCÈNE IV

Les Mêmes, VERT-DIT-BLANC.

VERT-DIT-BLANC.

Écouter aux portes entr'ouvertes,

Quelle nopce!
(Il aperçoit les deux amoureux et fait signe à tout le monde de le suivre.)
Filons.
(Tous déguerpissent.)

SCÈNE V

DON PLANCHE-A-SEL, ROSA-LA-ROSE, mangeant des pommes.

ROSA-LA-ROSE.

Mâcher des pommes vertes,
Hein! c'est bon.

PROLOGUE. — SCÈNE V.

DON PLANCHE-A-SEL.

Oh! oui, va! Donne-moi-z-en.
(Il veut lui voler sa pomme.)

ROSA.

Finis.

(Chantant.)
Ah! tu veux me chiper ma pomme,
C'est dix centim' que tu me dois.
Etc....., etc.....

DON PLANCHE-A-SEL.

Alors, viens effeuiller les roses et les lys.
(Il l'entraîne vers un bosquet au fond du théâtre. En route, Rosa s'arrête pour cueillir un pissenlit qu'elle arrache par morceaux.)

ROSA-LA-ROSE.

En voyant cette fleur je songe à mon enfance.
Je t'aime — un peu. —

DON PLANCHE-A-SEL.

Beaucoup.
(A ce moment le trappiste reparaît sur le théâtre; il se tient les côtes en gémissant : tout à coup il aperçoit le bosquet et se glisse derrière en murmurant.)

LE TRAPPISTE.

Un water, quelle chance!

ROSA-LA-ROSE.

Passionnément.

DON PLANCHE-A-SEL.

Viens.
(Ils s'asseyent dans le bosquet derrière lequel le trappiste a disparu. Don Planche-à-Sel entoure de ses bras la taille de son amie. On entend un bruit sourd.)

ROSA-LA-ROSE.

Oh! le tonnerre!

(On n'entend plus rien. Les deux amants lèvent les yeux au ciel
et semblent humer l'air avec délices.)

DON PLANCHE-A-SEL.

Il passe
Je ne sais quel parfum odorant *dans l'espace.*

(Tous deux se lèvent et s'enfuient en se bécottant amoureusement.)

SCÈNE VI

LE TRAPPISTE seul.

C'est moi — Toquémalade — et futur médecin.
Écoutez tous. Mon âme est forte et mon pouls sain.
Et je souffre pourtant mille angoisses extrêmes
Et d'esprit et de corps. Humanité! Problèmes!

Insondable calcul de l'insondable loi !
Seul — grand — à deux genoux je tombe devant toi.
Mais je ressurgirai — fort — homme, et tête haute.
Si j'échoue, eh bien, soit alors ! A qui la faute ?
A vous tous, océans de nos tentations,
Abîmes inconnus, anges, perditions,
Ou bien à moi qui fis toujours ce qu'on doit faire ?
Soit ! Je mourrai. — Le ciel est proche du Calvaire,
Et j'aurai jusqu'au bout fait ma tâche ici-bas.

(Il réfléchit quelques instants, puis il reprend :)

La dent qui fait souffrir, ne l'arrache-t-on pas ?
Le furoncle enflammé qui démange et qui ronge,
Le cancer, qui vous fait d'une tête une éponge,
Le cor, nouveau venu des temps civilisés,
Qu'en faites-vous ?

(Avec éclat.)

Percez ! Raclez !! Coupez !!! Rasez !!!!!
Il faut savoir trancher le mal dans sa racine :
Telle est l'humaine loi, telle la loi divine.
O monde, trop heureux de m'avoir enfanté !
Moi la Faiblesse-Force et l'Aigle-Humilité,
Je te voue à jamais mon amour et ma haine.

La tirade que Toquémalade vient de se débiter à lui-même l'a tellement épaté qu'il demeure pendant une heure un quart en extase sans reprendre respiration. Dans cet état, il ne remarque pas que peu à peu le théâtre se remplit de charbonniers en petite tenue, qui se forment en demi-cercle autour de lui et se mettent à danser une bourrée fantastique. Derrière eux est entré, la canne à la main, l'évêque de Ceux-qui-Gèlent.

La nuée de charbonniers obscurcit l'atmosphère, le jour paraît baisser.

SCÈNE VII

LE TRAPPISTE, L'ÉVÊQUE DE CEUX-QUI-GÈLENT, LE PRIEUR, LES CHARBONNIERS.

L'ÉVÊQUE DE CEUX-QUI-GÈLENT

(En quelques mots il explique qu'il est venu pour poser quelques colles et appliquer la question à Toquémalade. Il commence par l'agoniser d'injures évangéliques : « Ver de terre ! vipère ! chien ! » (*J'en passe, et des meilleurs*. — V. *Hernani*.) Puis il l'attaque dans le fond même de ses convictions.)

Tu parles d'arracher une dent qui vous gêne !
Oh ! l'ignorant crasseux, n'as-tu pas lu Platon,
Livre trois, chapitre un de l'*Onomasticon* ?
Tu saurais que ce Turc, à la langue dorée,
Dit : « Si courte que doive en être la durée,
Guérissez la molaire et ne l'arrachez pas ! »

LE TRAPPISTE.

Moi je dis : Un bon chien vaut mieux que six gros rats.

(L'évêque, prisant... cet à-peu-près à sa juste valeur, juge le moment venu d'envoyer Toquémalade cuver son vin ailleurs. Il lui montre du geste l'entrée de l'escalier qui mène à la cave, et le dialogue suivant s'établit :)

L'ÉVÊQUE, au Trappiste.

A la niche ! à la niche !

LE TRAPPISTE.

On y va.

L'ÉVÊQUE.

Per Baccho !

LE TRAPPISTE.

Je m'incline : à tes vœux *semper obedio,*
Ego sum animal humile, dux.

(Il fait un faux pas et dégringole quelques marches.)

L'ÉVÊQUE.

Bélître !

LE TRAPPISTE.

Veux-tu venir aussi, bourgeois ? Je paye un litre.

(Ils chantent tous deux : Air de la *Princesse de Trébizonde*.)

LE TRAPPISTE.

Viens donc ! Viens donc !

L'ÉVÊQUE.

Ah ! Ah ! ne me tente pa !

LE TRAPPISTE.

Viens, je t'offre, mon doux apôtre,
Un litre à dix pour s'égayer.
Un' politesse en vaut une autre;
J'offre, c'est à toi de payer.
Viens donc! Viens donc!

L'ÉVÊQUE.

Ah! Ah! ne me tente pas!

(Tout en chantant, Toquémalade pince un rigodon. Son pied glisse : il pique une tête au fond de la cave : l'évêque fait signe aux charbonniers de fermer la trappe.)

L'ÉVÊQUE, aux Charbonniers.

Frères, voyez, cet homme a l'esprit ébréché.

(Avec sentence.)

On est toujours puni par où l'on a péché.

(Tous s'éloignent.)

LA VOIX dans la cave.

Voleurs ! Ce vin...

L'ÉVÊQUE.

Canaille ! est plus sain que toi-même.

LA VOIX dans la cave.

Je crois bien : il reçut plus que moi le baptême.

SCÈNE VIII

DON PLANCHE-A-SEL, ROSA-LA-ROSE.

LA VOIX dans la cave.

A l'aide ! doux Jésus !

DON PLANCHE-A-SEL.

Viens plus loin, ma chérie.
Nous devons être ici près d'une bergerie
Ou bien près d'une étable à porcs.

ROSA-LA-ROSE.

Oh ! c'est si bon,
Le boudin !

LA VOIX dans la cave.

Au secours ! Au secours !

ROSA-LA-ROSE.

Le jambon
Et l'omelette au lard fumé.

DON PLANCHE, à Rosa.

Ma sœur, ma dame,
Je hume à tes petons le nard et le dictame.

LA VOIX dans la cave.

Pour un homme fichu l'on peut me regarder
Si cette eau que j'ai bue, il me faut la garder.
L'Évêque, le crétin! Canaille!

ROSA-LA-ROSE.

Qui m'appelle?

LA VOIX.

Je suis dans le caveau, ma gente demoiselle;
Ouvrez-moi.

ROSA-LA-ROSE.

Me croit-il écaillère vraiment?

LA VOIX.

J'ai là certain flacon d'un vieux Moulin-à-Vent.
(Bas.)
Ça, c'est de l'Argenteuil de dix-huit cent soixante.

ROSA, à Don Planche.

Est-ce un bon cru, mon chou?

DON PLANCHE.

Choknosof.

ROSA-LA-ROSE.

Ça me tente!
(Rosa, sentant se réveiller les nobles instincts de sa race, se fait aider

de Don Planche, mais à eux deux ils n'arrivent pas à soulever *celle* de la cave. Lui a une idée (une fois n'est pas coutume), il court au flingot de Romulus, le saisit et ajuste le centre de la trappe. Le fusil pète, la trappe aussi, Rose...... pardon! et Toquémalade sort en faisant la roue pour faciliter l'expulsion du liquide exécré. Le succès couronne ses efforts : il se tourne vers les jeunes gens et leur crie en roulant des yeux hagards :)

TOQUÉMALADE.

Vos bons soins à mes yeux seront toujours présents !
Ce que l'on m'a donné, vous voyez, je le rends.

FIN DU PROLOGUE.

TOQUÉMALADE

PARODIE MÉLI-MÉLO-DRAME EN TROIS ACTES

ACTE PREMIER

Le palais royal à Bougreros.

SCÈNE I

DON PLANCHE, LE MARQUIS DE TUE-UN-TEL.

(Don Planche est en marié de village : flots de rubans à la boutonnière. Pendant que Rose achève de se maquiller dans son cabinet de toilette, il demande à Tue-un-Tel comment il doit se conduire la première nuit de ses noces.)

TUE-UN-TEL, répond à Don Planche.

De ce soin, mon garçon, n'ayez pas l'âme en peine ;
Vert-dit-Blanc y pourvoit.

DON PLANCHE.

Quel honneur ! Quelle veine !
Quoi, ce monarque austère et sage daigne avoir
Cette bonté ! Je dois...

TUE-UN-TEL.

Rien. Il fait son devoir.
Et c'est tout. Le devoir du seigneur. Notre usage
Veut que de prince à roi, de fief à vasselage
La communauté soit intime. A Vert-dit-Blanc
Vous allez confier votre femme un instant,
Une nuit, presque rien. Demain ou ce soir même
Il vous la renverra sachant dire : Je t'aime,
O mon poulet chéri, mon loup noir, mon chien vert !
Son âme, il l'aura lue, et son cœur, entr'ouvert,
Afin que vous puissiez plus aisément, je pense,
Déchiffrer l'une et vous glisser dans l'autre.

ACTE PREMIER. — SCÈNE I.

DON PLANCHE.

Immense
Est ma joie!

TUE-UN-TEL.

Et Rosa saura demain matin
Vous baiser, vous coiffer, vous raser, tout enfin.

Bien, dit Don Planche, Rose, je l'aime, le roi, je l'aime, toi, je t'aime : au fait, pourquoi m'aimes-tu?

TUE-UN-TEL. (Il chante.)

(Air du *Bon Tabac*.)

Ça, c'est mon secret, ça, c'est mon mystère,
Ça, c'est mon secret, je le dirai pas.

(Parlé.)

Je t'aime, et donnerais pour toi ma vie entière,
Mon nez d'argent massif ronflant comme un tonnerre,
Mon pépin, dont Pépin se servit autrefois,
Mon chimpanzé géant dont l'œil jette des flammes
Et dont la vue un soir fit accoucher trois femmes
Enceintes de six mois.

Je t'aime, et donnerais encor bien d'autres choses,
Mon paragon de Fox, mon portrait en six poses
Par Sarah dans un jour d'amour exécuté,
Cette blague à tabac, présent de ma portière,
Et ce brûlot sacré, la pipe de ma mère,
Pour t'avoir allaité!

(Tenez, ajoute Tue-un-Tel, voici le roi, c'est le moment de lui amener votre Rose; sauvons-nous. Ils se défilent. Entrent Vert-dit-Blanc et son apothicaire.)

SCÈNE II

VERT-DIT-BLANC, LE DUC D'AVALÇA, CUCHO, L'APOTHICAIRE, Cent-Gardes nationaux.

VERT-DIT-BLANC. (Il siffle : le duc s'approche et le roi lui remet un couteau de cuisine.)

Écoute, tu vas faire affiler cette épée.
Quand Fulbert vit jadis sa bonne foi trompée,
Ce fer servit sa haine : il peut encor servir
La mienne.
        (Contemplant les cent-gardes nationaux.)
    Ils sont là. Bien.
                      Don Planche va venir.
Ouvre l'œil. Si soudain tu vois mes mains loyales
   (Il fait un geste familier aux singes du Jardin d'acclimatation.)
Caresser fièrement mes..... jumelles royales,

ACTE PREMIER. — SCÈNE III. 31

Tu tomberas sur lui, duc, et le châtieras[1].

(L'apothicaire se penche à l'oreille du roi et lui désigne du doigt l'instrument qu'il porte en sautoir.)

L'APOTHICAIRE.

En usez-vous?

VERT-DIT-BLANC.

Merci, non, je n'en use pas.....

L'APOTHICAIRE.

Vous avez tort.

VERT-DIT-BLANC.

Pour moi.....

L'APOTHICAIRE.

Bon. C'était pour la forme.

VERT-DIT-BLANC.

Mais j'en offre aux amis.

(Montrant un arbre à quelques pas.)

Attendez-moi sous l'orme.

(L'apothicaire s'éloigne, Tue-un-Tel entre.)

SCÈNE III

LES MÊMES, TUE-UN-TEL.

(Au début de la scène, Vert-dit-Blanc a les yeux fixés au fond du théâtre. Un cortège traverse de droite à gauche. Ce sont deux files d'infirmiers marchant parallèlement, le tablier relevé sur la tête. Devant chaque file, un infirmier en chef porte une haute bannière. Sur l'une est

---

[1]. Prière à MM. les typographes de respecter scrupuleusement l'orthographe de ce mot.

représenté un irrigateur et au-dessous : Le meilleur laxatif est le laxatif Toquémalade. Sur l'autre est représenté un dentiste forain et toqué, braquant un canon Krupp sur la mâchoire d'un patient assis devant lui. Au-dessous ces mots : « Toquémalade, opérateur breveté du pape Léon XIV. »)

CUCHO.

Vous semblez attristé, doux seigneur. Souffrez-vous ?

LE ROI.

Un peu. Voici la chose. On fit un bœuf aux choux
Chez Niniche hier soir. J'en pris une plâtrée.
(Il chante en montrant le portrait de Toquémalade sur la bannière.)
(Air de la *Vie parisienne*.)
Je m'en suis fourré, fourré jusque-là.
N'en dis rien à ce toqué-là. (*bis*.)
(Parlé.)
A l'air depuis ce temps ma poitrine murée
Enfle comme un ballon de Giffard — et j'ai peur.
Ah ! si Toquémalade et son irrigateur
Connaissent l'incident, mon affaire est trop claire.
Lénitifs ! purgatifs ! vomitif et clystère !

CUCHO.

Dites-vous vrai ?

LE ROI. (Il crache par terre, marche dessus et lève la main.)

Je vais te le prouver ici.
(Cucho fait un geste d'effroi, vivement réprimé.)
Le prieur du couvent de Saint-Rupin, voici
Trois jours, tomba malade. Un mal de tête,
Un bénin coryza, un rien — qui vous embête
Plus qu'il ne fait souffrir, que sais-je enfin ? — le prit.
« *C'était pendant l'horreur d'une profonde nuit !* »
Le prieur appela. L'interne de service
Auprès du révérend vint remplir son office.

On le sut. — Tout se sait. Quand le jour arriva,
Le bruit, non le malade, au dehors transpira.
Toquémalade vint à son tour

(Montrant le cortège.)

Et sa suite.

Il reconnut le mal : « Sans barguigner et vite
Qu'on me purge, qu'on saigne et prieur et couvent, »
Dit-il, et tout le monde y passa. Plus de cent
Récoltèrent ainsi les palmes du martyre.

(Le roi aperçoit Tue-un-Tel, et revient à ses moutons, c'est-à-dire à Don Planche. Comme il est fin politique, il se dit : Je vais demander conseil à Tue-un-Tel qui est un roublard et un ami. Son conseil sera bon — à ne pas suivre. Mais Tue-un-Tel, aussi finassier que Vert-dit-Blanc, évente la mèche : il a l'air de défendre Don Planche pour le lâcher ensuite, en ayant l'air de se rendre, sans avoir l'air, aux excellentes raisons que lui donne le roi.)

LE ROI.

Je veux avoir Rosa pour moi tout seul, na !

TUE-UN-TEL.

Sire,
Vous avez raison.

LE ROI, à part, avec étonnement.

Tiens ! — Admire ce portrait
Front d'ivoire, sourcils d'ébène, dents de lait,
Ses yeux, des diamants ; sa bouche, une cerise,
Un nez teinté de rose et dont la forme exquise
Semble prier le ciel pour tout le genre humain.
Bref, je l'aime. — Donc, Planche est de trop. — Et demain
Il faut qu'il soit impropre à me cueillir sa rose,
Pour calmer son ardeur j'ai deux moyens.

TUE-UN-TEL, à part.

Je n'ose
Deviner.

LE ROI, montrant l'apothicaire.

Voici l'un,
(Montrant le duc.)
Et l'autre, le voilà.
Dois-je dire : Purgez! Dois-je dire : Avalça!

TUE-UN-TEL.

Avalça.

LE ROI.

Réfléchis un peu.

TUE-UN-TEL.

C'est inutile.
(A part.)
Avale-ça toi-même.

LE ROI, à lui-même.

On m'avait dit en ville
Quand je suis allé faire au café mon piquet
Qu'il protégeait Don Planche.
(Avec amertume.)
Oh ! jusqu'au mastroquet,
Tout le monde ici-bas frelate sa pensée !
(On entend jouer la marche funèbre de Chopin.)
Mais les voici.

(La porte s'ouvre. Paraissent Don Planche-à-Sel et Rosa. Rosa est en vert pomme, sa couleur favorite (V. acte Ier, scène V). Don Planche est en jaune serin. A la droite du couple, mitre en tête, marche l'évêque de Ceux-qui-Gèlent.)

SCÈNE IV

Les Mêmes, DON PLANCHE-A-SEL, ROSA-LA-ROSE, L'ÉVÊQUE DE CEUX-QUI-GÈLENT.

L'ÉVÊQUE.

Grand roi, Majesté concassée
Vert-dit-Blanc, dona Rose épouse ce magot,
Don Planche-à-Sel. Ils ont pour aïeul un roi goth,
Nous allons les river, *s'il vous plaît, ô mon maître,*
L'un à l'autre. Elle s'en repentira peut-être, —
Lui, c'est sûr.

LE ROI, regardant les prévenus.

Quel œil cave! Et combien il flamboie!
(Regardant l'habit jaune de Don Planche.)
Et quel teint bilieux! Cet homme a mal au foie.

(A l'évêque.)
Tu veux les marier.
(Il fait signe à l'apothicaire d'emmener Don Planche.)
Allons, à l'hôpital!
(Regardant Rosa.)
Dona Rose! — Évitons qu'elle gagne son mal.
(A l'apothicaire.)
Dans un autre! — Pendant six mois, près de cet homme
Trois docteurs veilleront à le soigner.

TUE-UN-TEL, à part.

En somme,
On en voit revenir quelquefois d'aussi loin,
Mais de trois cependant il n'était pas besoin.

ACTE DEUXIÈME

En France : aux environs des Petites-Maisons.

LE R. POPAUL, médecin bandagiste, aliéniste-aliéné,
TOQUÉMALADE.

LE R. POPAUL. (Il dresse les oreilles et semble écouter. Bruit de trompe de tramway.)

Qu'entends-je là ? Je dois me tromper. C'est le coche.

(Il fait quelques pas en boitant.)

Oh ! mon cor ! — Et n'avoir que deux sous dans sa poche !
Impossible avec ça de s'offrir un sapin,
Ni même le bus.

(Hélant le cocher.)
Psitt ! Voulez-vous ? En lapin ?

(L'omnibus [Saint-Philippe-du-Roule — Barrière de Charenton] s'arrête. Au moment où Popaul s'apprête à monter, Toquémalade descend de l'impériale. L'omnibus repart.

TOQUÉMALADE.

Salut, maître. Je viens, comme Mars, en calèche.

LE R. POPAUL, à part.

En calèche ! Ironie ! Oh ! la dèche ! la dèche !

TOQUÉMALADE, bas.

Épatons-le. *Bonus, bona, manus, mani.*
Musica me juvat.

LE R. POPAUL.

Frère, soyez béni.
Je n'entends pas le grec, ni l'allemand.

TOQUÉMALADE.

Sans doute.
Mais nous suivons tous deux, maître, la même route.
Vous allez au couchant, — je vais au nord.

LE R. POPAUL.

C'est bien.
Nous nous rencontrerons, frère, par ce moyen.
Tout chemin mène à Rome.

TOQUÉMALADE.

Au point où nous en sommes,
Amis comme cochers, dis-moi donc, tu te nommes ?

LE R. POPAUL. (Il chante. Air connu.)

Je me nomm' Popaul,
Je demeure à l'entresol ;

Chaque jour je prends un bol
De genièvre ou bien d'alcool.

(Parlé.)
Et toi ?

TOQUÉMALADE. (Il chante. Air de la *Canne à Canada*.)

Voilà,
Voilà,
J'étais Torquémada ;
C'nom-là
Déjà
N'est pas sur l'agenda.

(Parlé.)

Ce n'est pas tout : il séduisit Hugo.
Mais on ne saurait plaire à tous : un Ostrogoth
Des lettres de mon nom vint faire une salade,
Et, de Torquémada, je fus Toquémalade,
Et je le suis encor.

LE R. POPAUL.

Que viens-tu faire ici ?

TOQUÉMALADE.

J'ai mon but. Il est grand et noble. Le souci
D'apprendre. On m'a parlé de tes cures sublimes,
De bossus redressés, de morts que tu ranimes,
D'aliénés par toi rendus à la raison.
Est-ce vrai ?

LE R. POPAUL.

C'est vrai, frère. En cette humble maison
Adèle de Cinq-Fards, célèbre courtisane,
Tomba frappée un jour d'un coup de pertuisane.
« Nous voulons dans trois mois souper au cabaret ;
« Qu'elle y soit avec nous, » dit son père. En secret
Je travaillai longtemps seul. Au repas la belle

Prit sa place. Et chacun put l'y voir morte Adèle.
Ainsi j'avais vaincu la mort. Quant au bosco,
Vous l'avez bien connu, c'était Quasimodo.
Jambes torses, cou tors, dos bombé, cœur infâme.
Je méprisai le corps, mais — je redressai l'âme.

TOQUÉMALADE.

Et le fou ?

LE R. POPAUL.

Son histoire est plus longue. Ecoutez :
(Il chante. Air du Brésilien dans la *Vie parisienne*.)
Un jour chez moi, docteur austère,
Je vis venir un pauvre fou.
Il me dit : Voulez-vous, bon père,
Donner vos soins au pauvre fou ?
C'est mon état, dis-je en bon père,
Où souffrez-vous, mon petit chou ?

Je souffre au cœur, Révérend Père,
J'aime Lolotte, j'en suis fou.
Lolotte? où ça? fis-je en bon père;
Lolotte, qui? mon pauvre fou?
C'est ma femme, Révérend Père,
Me répondit le pauvre fou.
Restez! m'écriai-je en bon père,
Buvez de l'eau, mon pauvre fou.
Pendant qu'il buvait, en bon père,
Je courus chez le pauvre fou.
Lolotte! annonçai-je en bon père,
Je viens sauver un pauvre fou.
Pendant trois jours je fus un père
Pour Lolotte et j'en devins fou.
Elle m'adora comme un père
Et même mieux. Quant à mon fou,
Neuf mois après, il était père,
Et j'étais, moi, le pauvre fou.
— Et voilà comment, en bon père, } (bis.)
J'ai sauvé la raison d'un fou.

TOQUÉMALADE.

Comme il parlerait bien, s'il ne parlait du nez !
Je pourrais vous piquer un laïus analogue,
Mais je l'ai déjà fait, scène six du Prologue,
Et je vais seulement ici me résumer.
J'aimais la médecine et tu me fais aimer
Jusqu'à l'orthopédie, ô grand homme ! ô mon maître !
Toi qui fais vivre un mort et qui sais de Bicêtre
Faire un lieu de retraite aux cœurs désenchantés ;
Que dis-je ? Toi qui peux de leurs gibbosités
Soulager les humains dont l'omoplate ondoie.

LE R. POPAUL.

Va, je prierai le ciel *afin qu'il te foudroie.*

(Silence. — Au moment où le R. Popaul et Toquémalade vont se séparer, un homme vêtu en alchimiste et avec un grand bonnet pointu sur la tête, fait signe à Toquémalade de s'approcher.)

ORGEAT.

Toquémalade, ici!

TOQUÉMALADE.

Très honoré doyen,
C'est un cas difficile et digne d'examen
Que je viens humblement soumettre à vos enquêtes.

(Regardant le R. Popaul.)
J'aurais aussi voulu tâter Popaul...

ORGEAT.

Vous êtes
Deux idiots. Voyons, racontez votre cas,
Soyez clair, et surtout, soyez bref, n'est-ce pas.

ACTE DEUXIÈME.

TOQUÉMALADE.

Soit un moine adorant le canard aux oranges,
Comme Pyrame aimait Thisbé, comme les anges
Aiment Dieu. — Le bonheur partout est relatif.
Certains sont vaporeux, — il était positif.
N'importe. — Il eût donné trois frocs et six doucettes,
Sa femme et ses enfants, pour quelques aiguillettes
De canard; et, misère! il n'en pouvait manger.

ORGEAT.

Sur l'estomac, c'est lourd.

LE R. POPAUL.

Sur l'eau, c'est plus léger.

TOQUÉMELADE.

Tu l'as dit. Et j'en fis la remarque moi-même.
Vous aimez le canard, dis-je au moine, il vous aime
Beaucoup moins. Et dans vous il rêve au sol natal,
A la patrie absente, à son lac de cristal,
Et ses hoquets chagrins sont la cause des vôtres.
Rendez-lui, rendez-lui....

ORGEAT, à Popaul, que ce récit émeut et qui sanglote bruyamment.

Ne rendez rien, vous autres.

TOQUÉMALADE.

Le moine sut me croire : Avant chaque repas
Buvez un verre d'eau, lui dis-je; l'embarras
Dont vous êtes tous deux innocents et victimes,
Fera place à la joie, au bonheur légitimes,

L'un de se voir repu, l'autre de croire encor
Qu'au-dessus de son bec luit le grand soleil d'or.
Longtemps la chose ainsi se passa; mais le père
Un beau jour oublia la consigne : son verre
Demeura jusqu'aux bords ainsi qu'une outre plein
Quand déjà le canard tressaillait dans son sein.
Et le moine souffrait, geignait, vous pouvez croire.
Qu'aurais-tu fait, Popaul?

LE R. POPAUL.

Moi, je l'aurais fait boire.

(Sentencieusement.)
Boire avant, boire après, — c'est toujours bon.

TOQUÉMALADE.

Pendard,
Crétin! n'as-tu jamais vu nager un canard?
Il faut que l'onde soit dessous, et non la bête.
Bue après le repas, elle mouille la tête
Du canard; voilà tout. Ton avis ne vaut rien.

LE R. POPAUL.

Alors, je donnerais.....

ORGEAT.

Donne ta langue au chien,
(A Toquémalade.)
Écoute. Car je vais te donner la recette.
Le moine est affaibli, n'est-ce pas? Et la bête
A besoin de liquide en dessous?

ACTE DEUXIÈME.

TOQUÉMALADE.

Oui.

ORGEAT.

Vois-tu,
Je donnerais au moine un bon bouillon..... pointu.

(La solution mathématique donnée par Orgeat stupéfie le R. Popaul et Toquémalade lui-même. Ils tombent anéantis. Orgeat s'éclipse. La toile tombe.)

ACTE TROISIÈME

Une salle d'un palais mort. A gauche, une table aux deux extrémités de laquelle sont deux chaises percées et travaillées à jour. Sur la table, un tapis couvert de taches, de roupies royales (à l'effigie du roi). Auprès de la grande table, une autre de nuit.

SCÈNE I

TUE-UN-TEL, KISS-KISS, ...chand d'habits et peaux de lapins.

KISS-KISS, regardant les roupies.

Que d'habits, de galons d'argent! Oh! mon cœur saigne! Qu'avons-nous fait, marquis? Rien.

TUE-UN-TEL.

Vous avez la teigne.
Et le roi, votre maître et le mien, doit avoir
Assez d'or pour payer des médecins. Bonsoir.
Aimez-vous mieux connaître, ami, Toquémalade?
Son remède, gratis, peut vous sembler maussade
Au premier abord, mais il est sûr et guérit.
Un bain d'huile bouillante, et c'est fait.

KISS-KISS, avec amertume.

On est cuit.

TUE-UN-TEL.

Oui, mais la teigne est cuite aussi. Cela compense.
Enfin, vous choisirez.

KISS-KISS.

C'est tout fait.

TUE-UN-TEL, à part.

Quand je pense
A mon enfant chéri, je me sens frissonner.
J'ai su qu'à Saint-Antoine où l'on le fit mener.
Lui-même il a gagné l'horrible maladie.

(A Kiss-Kiss.)

Va, je vous sauverai.

KISS-KISS. (Avec la voix de Dupuis dans les *Trente Millions de Gladiator.*)

Quel talent, quel génie!

(Il sort.)

TUE-UN-TEL, regardant la porte par où il est parti.

Ce ne sont pas les peaux de quelques vieux requins
Comme toi que je veux sauver, ni tes sequins.

(Il réfléchit tout en marchant et s'approche de la table, sur laquelle il

ACTE TROISIÈME. — SCÈNE II. 49

prend de temps en temps des poignées d'or qu'il roule entre ses mains. A un certain moment il s'arrête, comme frappé d'une réflexion subite, et s'écrie :)

Ah ! gardons Vert-dit-Blanc, gardons sa main loyale
A ce contact impur d'aller prendre la gale !

(Jetant alors un regard autour de lui, il tire de sa poche un eustache ebréché et gratte les ecus sur toutes leurs faces. Bruit de pas dans le corridor. Tue-un-Tel se hâte de faire disparaître les rognures dans sa profonde. La porte s'ouvre : le roi paraît, suivi de Cucho. Le roi est toujours coiffé de son alcarazas.

SCÈNE II

TUE-UN-TEL, LE ROI, CUCHO.

Tue-un-Tel essaye de dissuader Vert-dit-Blanc de livrer les teigneux à Toquémalade. Il représente en même temps au roi, en l'exagérant, la dépense de fagots, d'huile et d'allumettes qu'entraînerait leur traitement par un autre médecin. Il lui conseille de mettre tranquillement et intégralement (voy. la scène précéd.) dans sa poche les roupies des teigneux. Toquémalade surtout doit être écarté. Sa dernière cure, dit Tue-un-Tel, laisse à désirer. Attribuant à un refroidissement un rhume de cerveau gagné par un certain comte Rien-que-Chien, il a, pour éviter toute imprudence, fait placer ledit comte au centre d'une grosse pile de bois sec aux quatre coins de laquelle on a mis le feu. En outre, fidèle à son système de savoir au besoin sacrifier quelque chose pour éviter la contagion, le célèbre opérateur a jugé utile de faire partager aux familiers et domestiques du comte les avantages de ce traitement souverain. — A ce récit, Cucho, transporté d'admiration pour Toquémalade, se promet d'entrer à son service, jugeant avec raison, selon nous, que faire partie de la maison qui brûle est un moyen sûr de ne pas être de celle qui est brûlée. D'ailleurs, ajoute-t-il avec modestie :

CUCHO.

Voir les autres rôtir me suffit.

LE ROI.

Je ne sais

Si je puis accepter cet or. J'hésite : c'est
A ma douce moitié de décider la chose.

(Il va à la porte du fond, et crie :)

Hé ! la Rousse !

(A ce cri, tous, Tue-un-Tel en tête, se précipitent vers la sortie.)

Arrêtez !

(On court plus fort. Le roi fait un signe impérieux à Tue-un-Tel qui revient sur ses pas.)

Parlons de Dona Rose.
Il me la faut. Je vais l'enlever.

TUE-UN-TEL.

C'est fort bien.
Enlevez, soit. Pas moi. Vous. Vous ne risquez rien,

Ou presque rien : la tête.
(A part.)
Et Dieu sait quelle tête!

LE ROI.

Blagueur!

TUE-UN-TEL.

Par saint Madère et par saint Pajarète,
Par saint Xérès, plus sec que la pierre à fusil,
Je dis vrai.

LE ROI.

Me tuer! Quelqu'un l'oserait-il?

TUE-UN-TEL.

Oui.

LE ROI.

Qui?

TUE-UN-TEL.

Lui.

LE ROI.

Moi! le roi!

TUE-UN-TEL.

Vous le roi! Lui, cet homme
Qu'avec plus de frayeur que vous partout on nomme,
Qui sur vos droits divins sut *tant t'empi*éter
Que du roi même il rit *sans s'en* inquiéter.

LE ROI.

S'il me plaît de dompter ce fou....

TUE-UN-TEL.

Tentez l'affaire.

LE ROI.

Je puis tout lui donner. S'il me plaît de le faire
Dentiste breveté de ma cour, je le puis.

TUE-UN-TEL.

Il est celui du pape; il ne voudrait. Et puis
Il est modeste.

LE ROI.

Alors, des forceps de Charrière
Offerts par moi sauront le tenter.

TUE-UN-TEL.

Il n'opère
Jamais plus par lui-même, et borne l'action
A signer l'ordonnance en consultation.
(Silence.)
Si vous touchez à ses teigneux, ici, lui-même,
Il viendra vous..... soigner.

LE ROI.

Moi ! — Tu sais si je t'aime,
Mon petit Tuc-un-tel, mon féal serviteur.
Va me chercher Rosa. Va, mon fils.

TUE-UN-TEL, à part.

Il a peur.

Et je suis inquiet moi-même, moi si brave !

LE ROI.

Va, te dis-je. Ah ! Cratère et volcan ! terre et lave !
Va, si Toquémalade osait te résister,
C'est avec moi, le roi, qu'il lui faudrait compter.

Électrisé par l'exemple du roi, Tue-un-Tel n'hésite plus. Il va partir ;
mais où conduire l'infante après sa délivrance ? En mon Parc-aux-
Cerfs, répond Vert-dit-Blanc. Seulement, le gardien du sérail n'en
ouvre la porte que sur un signe de reconnaissance. Ce signe, le voici.
Il va à la plus petite des deux tables, abat le devant d'un tiroir et
montre à son confident deux vases, l'un rose, l'autre bleu, en pâte
tendre de Sèvres.

LE ROI.

L'un fut à Pompadour : il est rose comme elle
Et me vient d'un legs pieux. Ma compagne Isabelle,
Chaque fois qu'elle peut, y verse.... quelques pleurs.
Il m'est doublement cher ainsi. Quant à ces fleurs

Qui semblent sous tes yeux éclore en cette pâte,
Leur nom est Dubarry. Guillotin, âme ingrate,
Encore un guérisseur, du reste, a tout flétri.

(Il remet un des vases au marquis et referme le tiroir.)

Tiens, prends la Pompadour.

(Cucho, rampant aux derrières du roi, se glisse entre ses jambes, rouvre le tiroir et chope l'autre vase qu'il fourre sous son manteau.)

CUCHO, bas, à lui-même.

Je prends la Dubarry.

(La reine et un vent du diable entrent par la grand'porte. Le roi qui prend froid et sa femme en grippe va s'assurer que le pêne fonctionne bien, mais ne prend pas celle de saluer sa moitié. Il l'envoie s'asseoir.)

LE ROI à Tue-un-Tel.

Qu'attends-tu ?

TUE-UN-TEL.

S'il apprend....

LE ROI.

Va, te dis-je, Mécène.

(Avec dignité.)

Va. S'il fait son Jonas, je ferai la baleine.

(Tout le monde sort. Le roi et la reine restent seuls.)

SCÈNE III

Les deux époux, pris d'un même besoin de s'épancher, montent sur le trône ; la porte du fond s'ouvre tout à coup. Entrée des teigneux, conduits en laisse par les Cent-Gardes. Pour costume, ils ont la camisole de force. A leur tête, Kiss-Kiss, chand'lapins, saute à cloche-pied. Arrivé près de la table, il les met dans le plat. La reine se trouve mal : un Cent-Garde, qui n'est pas de son avis, ôte ses bottes et les lui fait respirer. Laïus de Kiss-Kiss. Il explique une combinaison financière du plus haut intérêt. Prenez cent galeux, réduisez-les en poudre au moyen d'un marteau-pilon de 17,000 kilogrammes, mettez cette poudre dans un mortier, en ajoutant 8 gouttes d'eau du Mançanarez (c'est une question de temps pour les trouver : dix-huit mois suffisent en général), 3 grammes de sucre candi et 47 indulgences plénières. Mêlez le tout en agitant avec une cuiller à café. Le mélange fait, mettez en boîtes de 6 centimètres que vous vendez sous le nom de « Baume du Léopard, remède souverain contre les œils de perdrix, durillons, cors et autres excroissances de la face ». C'est cette recette qu'exploite depuis longtemps Toquémalade et qui, bon an, mal an, lui rapporte 2,400 fr. et l'estime de ses concitoyens.

Eh bien, poursuit Kiss-Kiss, prenez ces mêmes galeux, par la douceur et avec des pincettes au besoin légèrement rougies au feu ; posez-leur de temps en temps quelques questions pressantes, celle des brodequins par exemple, et, sur l'économie de chaussures qu'ils réaliseront grâce à vous, priez-les de vous verser, comme ils font en ce moment, quelques pleurs sur leur infortune et un millier de roupies dans votre porte-monnaie. Quel est le meilleur de ces deux systèmes, l'un de pression pectorale, l'autre d'aspiration monétaire? Le dernier, pas vrai. ma vieille? Telle est du moins mon opinion et je la partage.

VERT-DIT-BLANC, avec des larmes dans la voix en regardant les écus.

Ce discours m'a-z-ému : comme il sait bien narrer ! —
Sortez ! — *La reine et moi voulons* le digérer
En tête à tête. Si quelqu'un passe la porte,
Je lui ferai couper... la langue ; de la sorte,
S'il était curieux, bavard ne sera plus.

(Tout le monde sort, sauf Cucho, qui se cache sous les jupes de la reine.)

SCÈNE IV

LE ROI, ISABELLE, avec Cucho sous ses jupes.

ISABELLE.

Les beaux écus !

LE ROI.

Les beaux écus !

ISABELLE ET LE ROI, ensemble.

Les beaux écus !!

ISABELLE.

Mais de la poudre à cors, cela vaut quelque chose.

LE ROI, maniant les écus.

Neuf et neuf font dix-huit, je retiens huit et pose
Un. Non, ce n'est pas ça.

(Avec humeur.)

J'ai toujours détesté
L'algèbre. A travailler on use sa santé.
Et je vais bien, très bien.

ISABELLE.

　　　　　Trop bien ! Mais quelle buse !
Dix-huit et sept, ça fait ?

　　　LE ROI, après quelques instants d'hésitation.

　　　　　Beaucoup. — Je me récuse.

(Regardant les piles d'or.)
Moi, je m'achèterais un casque de pompier
Avec un long plumet !

　　　　ISABELLE, avec amertume.

　　　　　　Le bourgeois ! l'épicier !
Quel prosaïsme ! — Moi, je m'offrirais un page...

　　　　　LE ROI.

Un parapluie en soie, un gibus, un fromage...

　　　　　ISABELLE.

Avec des cheveux noirs...

LE ROI.

De Brie, un pot de miel
De Narbonne, une blague...

ISABELLE.

Et des yeux bleu de ciel !

LE ROI.

Acceptons-nous l'argent ?

ISABELLE.

Oui.

LE ROI. (Il prend sa plume et écrit.)

Justice soit faite
Aux teigneux. Défendons qu'ici l'on les maltraite,
Au trône réservant le droit de les saigner.

(Le roi signe et passe le vélin à la reine, qui, au moment d'y apposer sa croix, voit entrer Toquémalade. Effrayée, au lieu du vélin, elle se signe elle-même.)

SCÈNE V

ISABELLE, LE ROI, TOQUÉMALADE.

(Ce dernier tient à la main un appareil rafraichissant muni de deux tuyaux armés chacun d'un bout d'ambre. Le corps de l'instrument est bourré jusqu'à la gueule de tabac enflammé.)

TOQUÉMALADE.

O Purgon ! Diafoyrus ! Ces gens veulent soigner
Contre vous. Ils étaient reine et roi, sur mon âme !
L'un s'est fait rebouteur — et l'autre — sage-femme.
Soit, c'est bien.

(Au roi.)

Tout docteur, je t'en veux avertir,

Doit connaître l'outil qui peut un jour servir.
Sieds-toi là.
> (Lui mettant à la bouche l'extrémité de l'un des tuyaux.)

Prends ceci. Bien. Retiens ton haleine.
Aspire doucement. Ainsi.

> (A la reine.)

Sieds-toi là, reine.
Imite ton époux. Aspire amoroso.
> (En extase.)

O grand homme, Pétun! ô plus grand, ô Darbo!
Votre œuvre ainsi comprise est vraiment belle et neuve.
> (Au roi et à la reine qui commencent à ressentir les effets du tabac.)

Quant à vos protégés, regardez!
> (Le fond du théâtre s'ouvre. On voit les teigneux appliqués à différents supplices. Au premier plan, une guillotine monstre.)

LA REINE.

Ciel! la Veuve!

ACTE QUATRIÈME

Il est nuit.
Une terrasse du Parc-aux-Cerfs. Sur la terrasse un banc de marbre : au fond, un escalier par lequel on monte des profondeurs du jardin. La lune se lève pendant l'acte.

SCÈNE I

TOQUÉMALADÉ, CUCHO.

CUCHO, présentant un vase à Toquémalade.

O père du séné, du bismuth, du ricin,
O mon père, prenez. J'ai commis ce larcin

Pour vous hier. Je suis moins au roi qu'à vous-même.
D'un cœur pur en vos mains je remets cet emblème
D'amour chaste, ce vase.

(Toquémalade prend le vase. — Cucho, à part :)

A la nécessité

Il faut savoir parfois avec humilité
Sacrifier ses goûts. Il faut être à la coule :
J'aime le roi, c'est vrai, mais je tiens à ma boule.
Charade. — Mon premier partout est honoré.
C'est cou, puisque l'on dit : Vivent les cous de France!
Mon dernier, sous les traits d'un acteur admiré,
Comme moi sait pleurer et rire : en conséquence
C'est cho, puisque l'on dit Cho, — c'est Dumaine. Enfin
J'offre — à qui trouvera mon tout, — un fier lapin.

(Silence.)

Mais assez rigolé comme ça. Haut la patte!
Filons. A ses travaux laissons notre Hippocrate.

(Il sort à droite. — On éternue dans l'escalier.)

TOQUÉMALADE.

Pauvres gens! Cette toux embaume le sapin.
Mais je suis là.

(Il se dissimule derrière un arbre.)

SCÈNE II

TUE-UN-TEL, DON PLANCHE et ROSA.

(Tous deux ont les cheveux coupés ras.)

DON PLANCHE.

Sauvés! Merci.

TUE-UN-TEL.

Dans ce jardin

ACTE QUATRIÈME. — SCÈNE II.

Vous êtes à l'abri. Quelle nuit effroyable !
Quel combat !

DON PLANCHE.

Et quel trac !

TUE-UN-TEL, regardant Rosa.

Oh ! ce mal incurable !
Ai-je donc tant souffert, ai-je donc tant vaincu
Pour rien — ou presque rien ?

(Regardant Don Planche.)

Don Planche aussi — tondu !
Laissez-moi vous narrer ma sublime victoire.
Il était nuit déjà, mais pas encor nuit noire :

Je partis seul — avec six cent vingt cavaliers,
Onze cents chassepots et quatorze obusiers. —
Car la témérité n'est pas le vrai courage. —
Ils étaient neuf là-bas, peut-être davantage ;

(Avec modestie.)

Mon épée en champ clos frappe — et ne compte pas.
Ce fut très long. Ce fut atroce. Le trépas

Moissonna dans leur fleur bien de candides âmes.
Dans le poulailler seul et la cour nous tuâmes
Plus de vingt défenseurs : poules, coqs et chapons.
Tout tomba dans nos mains,
    (Il montre des tabliers d'infirmerie.)
   Leurs drapeaux,
  (Il montre deux seringues qu'il tient sous son bras.)
        Leurs canons
Qu'ils braquaient contre nous chargés jusqu'à la gueule.
 (A Rosa.)
Vous fûtes délivrée.

    ROSA.

    A votre valeur seule
Je dois ma liberté.

    TUE-UN-TEL.

    Pour Don Planche, ce fut
Plus malaisé peut-être encore. Son salut
Me coûta bien des maux. Je perdis ma perruque
Au combat, et
   (Il éternue.)
   Le froid me saisit à la nuque.
Vous êtes réunis, je vous laisse. A bientôt.
        (Il sort.)

SCÈNE III

DON PLANCHE, ROSA.

DON PLANCHE.

Brave homme ! Il lui faudrait de la pâte Regnault.

ACTE QUATRIÈME. — SCÈNE III.　　65

Ma Rosa, je t'adore, et je sens mes entrailles.....
(On entend un léger bruit.)

ROSA, à part, en regardant Don Planche.

Purgé quatorze fois !

DON PLANCHE.

Derrière ces broussailles
Il me semble qu'on a remué. Cachons-nous.
(Ils sortent par la gauche. Toquémalade entre du côté opposé ;
il tient à la main le fusil de Romulus.)

TOQUÉMALADE.

A genoux, soi-disant inventeurs, à genoux
Tous ! A Toquémalade offrez un sacrifice.
Rends tes gaz, Mariotte, et brise ton hélice,
O Sauvage ! — O Papin, mange ton pot-au-feu !
Archimède-Euréka, ton moufle, demi-dieu,

5

Mange-le. Mange aussi, Galvani, ta grenouille,
Gutenberg, tes poinçons, et Zola, ton Pot-Bouille.
Car votre œuvre est petite et maigre.

(Montrant le flingot.)

Regardez.

Voilà ce que j'ai fait, moi. Moi seul. C'est assez.
Ce flingot — (Romulus, ô grand homme, ô mon frère !
Pendant vingt ans jadis tu dépeuplas la terre,
Mais je vais, grâce à toi, la sauver aujourd'hui.)
Ce flingot, vous voyez ce flingot, fut à lui.
Jubal, fils de Caïn, le fondit à Bergame.
Il crachait autrefois et le fer et la flamme :
Changeant de maître, il a changé de but. Vainqueur
Toujours. Mais transformé. — Je pose sur mon cœur
Sa crosse ainsi qu'un sceptre impérial gravée.
Si du canon fumant il sort de la cendrée,
Je suis sain ; si dans l'ombre il projette des feux,
Je suis rhumatisant, — et s'il tonne, galeux.

(Avec enthousiasme et une voix de crécelle.)

Gloire à moi, médecin, dentiste, philanthrope !
Achetez, achetez le fusil-stéthoscope.
— Voici mes amoureux.

(Il se cache de nouveau derrière un arbre.)

DON PLANCHE.

Oh ! qui nous sauvera ?

TOQUÉMALADE, paraissant.

Moi. Le salut fait homme, et le fils à papa.

SCÈNE IV

TOQUÉMALADE, DON PLANCHE, ROSA.

DON PLANCHE.

Quelle veine! C'est lui.

ROSA.

Qui, c'est lui?

TOQUÉMALADE.

Je suis l'homme,
O jobard innocent, ô croqueuse de pomme,
Que vous avez tiré, mes sauveurs inconnus,
De la cave où, sans vous, je ne pinterais plus.
Que voulez-vous de moi?

ROSA.

Moi, je veux être libre.

DON PLANCHE, à part.

Moi, je sens en mon cœur quelque chose qui vibre
A sa vue et m'effraye involontairement.
— Elle est ma Dulcinée et je suis son amant,
Seigneur, et nous voulons nous marier ensemble.

TOQUÉMALADE.

Mariez-vous.

DON PLANCHE.

Le roi ne veut pas.

TOQUÉMALADE.

            Il me semble
Que vous êtes tous deux de sexes différents,
Que vous êtes tous deux jeunes et bien portants.
Rien ne peut empêcher votre union, pas même
Le roi. D'ailleurs, je suis avec vous. Je vous aime
Et je vous sauverai. Je suis puissant aussi.
Mes armes, n'étant pas en airain, Dieu merci,
Ont pourtant leur valeur.

ROSA.

            Ce fut une heure auguste
Que celle où Dieu permit, ô vieillard saint et juste,
Que nous entendissions vos cris dans le caveau.

DON PLANCHE.

Je vois la scène encore. On entendait : *Bibo,*
Dux, vinum et bibam semper. Dans le silence
La voix des charbonniers répondait en cadence :
Solus pompat. Le bruit allait s'affaiblissant,
Quand tout à coup un cri déchira l'air, glaçant
Nos cœurs : Bandit ! Crétin ! Au secours ! Je me noie !
— A la trappe. Courons. J'y cours. Elle me broie
Cinq doigts en retombant et deux œils de perdrix.
J'y renonçais. Rosa me fit signe. Je pris
Un fusil et du doigt je pressai la détente.

TOQUÉMALADE, avec effroi.

Un fusil ! — Il rata, n'est-ce pas ?

ROSA.

            Notre attente.....

ACTE QUATRIÈME. — SCÈNE IV.   69

TOQUÉMALADE.

Fut déçue.....

ROSA.

Oh! non pas. Le ciel bénit nos vœux.
Il tonna. Le caveau s'ouvrit.

TOQUÉMALADE, accablé.

Il est galeux!

(A lui-même.)

Mais je te guérirai, pauvre enfant que j'adore.
(Il passe derrière Don Planche et lui fait à la craie une croix dans le dos. Ensuite il va à la cantonade et fait un signe. Un infirmier paraît sur le seuil. Toquémalade lui montre le manteau de Don Planche.)

Reconnais ce manteau.

(L'infirmier s'incline et sort.)

(A lui-même.)

Que je l'embrasse encore!
Ce fusil, c'était bien un fusil, n'est-ce pas?

DON PLANCHE.

Certe. Un fusil romain. Le fusil de Ruy-Blas.
Je l'ai bien reconnu.

TOQUÉMALADE.

Ce n'était pas un sabre
Par hasard? Une lance? Ou bien un candélabre
A trois branches?

DON PLANCHE.

Non. Non.

TOQUÉMALADE.

Ou bien un bouclier?
Par exemple celui d'Horace? Un balancier
D'horloge pneumatique? une pince? une vrille?
Un melon cantaloup? Un dard? Une mantille?
Car vous êtes myope et pouvez vous tromper.

DON PLANCHE.

Non.

TOQUÉMALADE.

C'était un fusil?

DON PLANCHE.

Oui. J'en donne à couper
Ta tête ainsi qu'un roc escarpé chauve et nue.

ACTE QUATRIÈME. — SCÈNE IV.

TOQUÉMALADE.

Plus de doute. — J'ai chaud.
(Il regarde au ciel.)
Ah! la lune est venue.
C'est elle qui me brûle ainsi de ses rayons.
(Il ôte son manteau et le dépose sur le banc.)
Cela va mieux.
(Il sort à gauche.)

DON PLANCHE, à Rosa.

Veux-tu que nous nous promenions?

ROSA, regardant le manteau de Don Planche.

Fi! La vilaine tache! O mon petit Don Planche,
Qui donc a pu te faire au dos cette croix blanche?
Tu sembles un colis venant de l'étranger.
(Elle voit sur le banc le manteau laissé par Toquémalade.)
Tiens, un manteau tout neuf. Vite, il faut le changer
Pour celui-ci. Le troc au moins en vaut la peine.
(Au moment où les deux amoureux vont sortir, ils rencontrent
Toquémalade qui leur fait signe de rester.)

TOQUÉMALADE, éternuant et parlant du nez.

Je me suis enrhubé là-bas. Quelle déveine!
(Il va au banc, prend le manteau de Don Planche
et le met sur ses épaules.)
Aimez-vous bien, chéris.
(Il voit apparaître au fond du théâtre le cortège décrit
au 1er acte, scène II.)
Adieu!

LE CHEF DES INFIRMIERS. (Il cherche des yeux le manteau marqué d'une croix. Il le voit sur le dos de Toquémalade et fait signe à ses acolytes.)

C'est celui-ci.

(Les infirmiers se jettent sur Toquémalade et l'entraînent. Il se débat et pousse des cris inarticulés.)

Un bâillon. Une douche et trente bains.

DON PLANCHE ET ROSA, se sauvant à la faveur du tumulte.

Merci.

Paris. — Typ. G. Chamerot, 19, rue des Saints-Pères. — 13051.

www.ingramcontent.com/pod-product-compliance
Lightning Source LLC
LaVergne TN
LVHW051502090426
835512LV00010B/2285